Inhalt

Mit Werten führen - Sinnsuche nach dem moralischen Offenbarungseid

Kernthesen

Beitrag

Fallbeispiele

Weiterführende Literatur

Impressum

Mit Werten führen - Sinnsuche nach dem moralischen Offenbarungseid

Robert Reuter

Kernthesen

- In vielen Unternehmen hat ein Nachdenken über Werte eingesetzt.
- Gesucht wird nach moralischen Kategorien, die die bisher verbreitete Vergötterung von Profit und Gewinn korrigieren sollen.
- Ein bereits allgemein akzeptierter Wert ist die Verantwortung für kommende Generationen. Immer mehr Unternehmen bemühen sich um Nachhaltigkeit.
- Zugleich mehren sich die Beispiele von Führungskräften, die ihr Handeln auf

christliche Werte stützen.

Beitrag

Wertesuche nach dem moralischen Crash

Die Finanzkrise hat neben massiven Problemen für die Wirtschaft und die Banken einen erschreckenden Mangel der Akteure an Anstand und Moral offenbart. Gier und Verantwortungslosigkeit scheinen in vielen Vorstandsetagen der Banken den ganz normalen Wertekanon auszumachen. Zudem offenbart sich dem staunenden EU-Bürger moralisches Versagen immer öfter auch auf politischer Ebene. So hat sich gezeigt, dass Griechenland seit Jahrzehnten von einer korrupten Clique geführt wird, deren politische Gestaltungskraft sich in der Pflege ihrer Anhängerklientel und im systematischen Betrügen europäischer Institutionen erschöpft.

In den Unternehmen hat angesichts der moralischen Bankrotterklärungen von Vorständen und Aufsichtsräten ein neues Nachdenken über Werte eingesetzt. Zuweilen verirrt sich die Diskussion allerdings darin, Verhaltensweisen in den Rang von Werten zu heben, die kaum über das hinausgehen, was man früher mit Anstand bezeichnete. Schon gehaltvoller erscheint demgegenüber die neu entfachte Wertschätzung des Gemeinsinns. Dieser schien viele Jahre lang im Widerspruch zum allgemein betriebenen, individuellen Gewinnstreben zu stehen, gerät jetzt aber in den Fokus, da sich die Wirtschaftswelt eindrucksvoll durch grassierenden Egoismus selbst zerfleischt hat. (1), (2), (4), (8)

Mit christlichen Werten führen

Großen Zuspruch findet die Beschäftigung mit christlichen Werten, wie der 7. Kongress christlicher Führungskräfte gezeigt hat. Wie in der gesamten Diskussion um ethische Werte in der Wirtschaft geht es auch hier zunächst noch um die Frage, wie eine werteorientierte Unternehmensführung überhaupt aussehen kann. Auf dem Kongress christlicher Führungskräfte drückte eine Referentin ihre Vorstellung so aus: "Christliche Führungskräfte versuchen meiner Meinung nach, ihre Unternehmungen und somit auch ihr Unternehmen so zu gestalten, dass sie mit ihrem Denken, Reden, Entscheiden und Handeln immer vor Gott, den Menschen und Gottes Schöpfung bestehen können." Christliche Unternehmer würden dementsprechend nicht durch Profitgier und Bonuszahlungen geleitet, sondern durch das Streben nach Nachhaltigkeit,

Langfristigkeit und Integrität. (1), (2), (8)

Managernachwuchs sucht nach Orientierung

Ein hoffnungsvolles Zeichen setzt auch der deutsche Managernachwuchs. Einer aktuellen Studie der Bertelsmann-Stiftung zufolge vermissen vier von fünf befragten MBA-Studenten und Studienabsolventen eine verstärkte Auseinandersetzung mit Werten, Haltung und Motivation. 74 Prozent der Befragten wünschen sich das Studienfach "Corporate Social Responsibility" als festen Bestandteil der Managementausbildung. Experten sehen die aktuelle Hinwendung zu Fragen der Unternehmensethik nicht als einen kurzzeitigen Reflex auf die Finanzkrise, sondern als einen nachhaltigen Trend. Umfragen zeigen, dass junge Leute steigenden Wert darauf legen, ihre Wertvorstellungen im Unternehmen wiederzufinden. Als besonders wichtig erachten sie den schonenden Umgang mit der Umwelt und eine auf Nachhaltigkeit ausgerichtete Geschäftspolitik. (1), (2), (3), (7)

Ethisches Handeln bringt Erfolg

Immer mehr Akteure erkennen, dass sich mit der

Befolgung ethischer Normen nicht nur ein gutes Image verschaffen, sondern Geld verdienen lässt. Beispiele dafür, dass sich werteorientiertes Handeln lohnen kann, gibt es genug - wie etwa die Sparkassen. Aufgrund ihrer öffentlich-rechtlichen Verfasstheit und ihres in zwei Jahrhunderten gewachsenen Selbstverständnisses steht hier das Gemeinwohl an oberster Stelle der Unternehmensziele. Dies hat ganz praktische Auswirkungen: Da die Sparkassen einen Teil ihrer Gewinne in Form von Spenden, Sponsoring und in Stiftungen zurückgeben, sind sie nach dem Staat der größte Geldgeber für Kunst und Kultur. Darüber hinaus wandern die Gewinne in soziale Projekte und in den Sport. Diese Praxis ist vermutlich von manchem Privatbanker vor der Finanzkrise als bedauernswertes Gutmenschentum belächelt worden. In der Krise haben sich die auf die Allgemeinheit ausgerichteten Werte der Sparkassen für die Institute allerdings ausgezahlt. Während die Privatbanken seitdem unter massivem Vertrauensverlust leiden und sich von der "Occupy"-Bewegung angegriffen sehen, ist das Ansehen der Sparkassen deutlich gestiegen. Die zum Werteverständnis passende Geschäftspolitik tat ein Übriges: Da sich Sparkassen infolge ihrer Verpflichtung auf das Wohl ihrer Region von riskanten Finanzmarktgeschäften fernhalten, waren sie von den Auswirkungen der Finanzkrise kaum betroffen. (8)

Nachhaltigkeit statt Profitgier

In Deutschland hat sich die Bundesregierung selbst darum gekümmert, Wirtschaftsunternehmen einen Ethik-Kodex zu verschaffen. Das gerade mal 16-seitige Papier heißt "Deutscher Corporate Governance Kodex" (DCGK) und enthält Vorschläge für die ethische Führung börsennotierter Aktiengesellschaften. Interessant ist eine Bemerkung aus der Präambel: "Der Kodex verdeutlicht die Verpflichtung von Vorstand und Aufsichtsrat, im Einklang mit den Prinzipien der sozialen Marktwirtschaft für den Bestand des Unternehmens und seine nachhaltige Wertschöpfung zu sorgen." Neben der selbstverständlichen Pflicht, den Bestand des Unternehmens zu sichern, wird hier ein auf Nachhaltigkeit ausgerichtetes Wirtschaften angemahnt. Da dieser Wert nicht unmittelbar mit dem gegenwärtigen Unternehmenswohl zu tun hat, ist es bemerkenswert, dass sich immer mehr Unternehmen selbst darauf verpflichten. (1), (2)

Trends

Jungmanager beschreiben die

Zukunft

Das Manager Magazin hat Nachwuchsmanager danach gefragt, wie sie die Zukunft sehen. Herausgekommen ist dabei ein 25 Thesen umfassender Strauß ganz unterschiedlicher Zukunftsvisionen. So glauben die jungen Führungskräfte, dass der demografische Wandel irgendwann die Demokratie bedrohen werde. Die Minderheit der dynamischen jungen Menschen wird nach Ansicht der Befragten nicht mehr bereit sein, sich dem Mehrheitswillen der fortschrittsskeptischen Rentnergeneration zu unterwerfen. Andere Zukunftsvorstellungen betreffen die Weiterentwicklung des Computers oder das Kommen einer transparenten Gesellschaft, in der der uneingeschränkte Informationszugang zum Grundrecht erklärt wird. Auch sehen die Jungmanager das Ende aller Hierarchien voraus. An deren Stelle werden Netzwerke und die Schwarmintelligenz treten. (5)

Fallbeispiele

Bayer AG befolgt den Kodex

96 Prozent der im Dax notierten Konzerne haben im

vergangenen Jahr die Empfehlungen des DCG-Kodex eingehalten. Mit einem Preis für ihre DCGK-Treue ausgezeichnet wurde die Bayer AG. Der Aktionärsdienstleister Ivox würdigte das Unternehmen dafür, dass die Vergütung des Vorstandes und des Aufsichtsrats voll und ganz den Empfehlungen des DCGK entspreche. (2)

Banker und Christ

Ein ungewöhnliches Beispiel werteorientierter Führung gibt der Sparkassenvorstand Wolfgang Kuhs. Gemeinsam mit den Führungskräften der Sparkasse hat sich Kuhs das Ziel gesetzt, im Unternehmen eine neue Wertekultur zu implementieren. Hierfür wurde ein sogenannter Wertediamant beschlossen, der die wichtigsten Kernwerte umfasst. Diese heißen Integrität, Mut, Begeisterung, dienende Führung, Wertschätzung, Loyalität und Freiheit. Kuhs ist überdies engagierter Christ und stützt sein Handeln auch auf seine religiöse Überzeugung. (6), (8)

Weiterführende Literatur

(1) Die Renaissance von Werten als Teil der Unternehmenskultur

aus wissensmanagement, Heft 4/2010, S. 50-51

(2) Gute Führung gibt Unternehmen mehr Kraft
aus Smart Investor, Heft 06/2011, S. 30-34

(3) Gesundheitsfördernde Unternehmenskultur – ein Wunschtraum?
aus Personalwirtschaft, Heft Sonderausgabe BGM/2011, S. 8-13

(4) Ernüchternde Ergebnisse
aus PERSONALmagazin, Heft 09/2011, S. 30

(5) Alles wird anders
aus Manager Magazin, 21.10.2011, Nr. 11, Seite 146

(6) Der Mensch im Mittelpunkt: Werteorientierte Mitarbeiterführung bei der Kasseler Bank
aus wissensmanagement, Heft 1/2011, S. 44-45

(7) Empathische Führung - eine Frage der Haltung
aus Management & Krankenhaus vom 09.09.2011, Heft 9/2011, Seite 5

(8) ETHIK-INTERVIEW Leistung braucht Sinn
aus Sparkasse, Mai 2011, Nr. 05, S. 44

Impressum

Mit Werten führen - Sinnsuche nach dem moralischen Offenbarungseid

Bibliografische Information der deutschen Nationalbibliothek

Die Deutsche Nationalbibliothek verzeichnet diese Publikation in der deutschen Nationalbibliografie; detaillierte bibliografische Daten sind im Internet über http://dnb.d-nb.de abrufbar.

ISBN: 978-3-7379-0251-9

© 2015 GBI-Genios Deutsche Wirtschaftsdatenbank GmbH, Freischützstraße 96, 81927 München, www.genios.de

Alle Rechte vorbehalten. Dieses Werk ist einschließlich aller seiner Teile – z.B. Texte, Tabellen und Grafiken - urheberrechtlich geschützt. Jede Verwertung außerhalb der Grenzen des Urheberrechtsgesetzes bedarf der vorherigen Zustimmung des Verlags. Dies gilt insbesondere auch für auszugsweise Nachdrucke, fotomechanische

Vervielfältigungen (Fotokopie/Mikroskopie), Übersetzungen, Auswertungen durch Datenbanken oder ähnliche Einrichtungen und die Einspeicherung und Verarbeitung in elektronischen Systemen.